JEAN 'BINTA' BREEZE

THE ARRIVAL OF BRIGHTEYE

AND OTHER POEMS

BLOODAXE BOOKS

Copyright © Jean 'Binta' Breeze 2000

ISBN: 1 85224 538 7

First published 2000 by
Bloodaxe Books Ltd,
P.O. Box 1SN,
Newcastle upon Tyne NE99 1SN.

Bloodaxe Books Ltd acknowledges
the financial assistance of Northern Arts.

Cover printing by J. Thomson Colour Printers Ltd, Glasgow.

Printed in Great Britain by
Cromwell Press Ltd, Trowbridge, Wiltshire.

to Caribe

Acknowledgements

'The Arrival of Brighteye' was commissioned by Crucial Films and BBC TV and broadcast as a short film as part of the BBC's *Windrush* programme in 1998. 'Playing the Messiah' was commissioned by BBC Radio 4 and broadcast as one of the National Poetry Day *Book of Hours* programmes in 1999. 'Shama-lady' was first published by Race Today Publications in the collection *Riddym Ravings* (1988). Thanks are also due to Simon.

Contents

THE ARRIVAL OF BRIGHTEYE

Work by Jean 'Binta' Breeze

BOOKS

Riddym Ravings (Race Today, 1988)
Spring Cleaning (Virago, 1992)
On the Edge of an Island (Bloodaxe Books, 1997)
The Arrival of Brighteye and other poems
    (Bloodaxe Books, 2000)

RECORDINGS

Tracks, album with Dennis Bovell Dub Band
    (LKJ Records, 1991)
Riding on de Riddym: Selected SpokenWorks, cassette
    (57 Productions, 1997)*

* This 60-minute cassette features 30 poems from Jean 'Binta' Breeze's
books and performances, including *On the Edge of an Island*. Available
from 57 Productions, 57 Effingham Road, Lee Green, London SE12 8NT,
price £6.95 (ISBN 1 899021 01 9).

Bush Babies

On the watershed of western mountains, the village lazed in the sun, except when the wind climbed the hillside, laughing through the tall mahoes, touching the undergrowth of herbs and bushes, carrying their smell, like a lover rising from a damp bed.

Here I was born. Here my skin became a part of nature as ferns fondled and bushes slid round me, awakening a gentle itching, clothing me in their scent.

Everything was touch and smell, even the sounds which hummed, vibrating with each breath.

I awakened to my body long before I knew.

On Sundays, church came, like a frightening orgasm. Called from the bush we were scrubbed clean and dressed in crinoline. We watched the adults pant and pray and pound the wooden flooring with their feet. As Preacher foamed and spat the fires of hell, brimstone fell hot on our heads and sin entered our world.

Mondays were starched, slates wiped clean, defying the one mile trek to basic school where teacher ruled and straps hung from the blackboard enforcing our ABCs.

Each day of the week, last bell rung a riot of crushed pleats and khaki seams making for the mango trees that lined our way back home.

Within this triangle of bush and church and school, we made life our little game, Brighteye, Faith and me.

The first dance

In the beginning
there was silence
and silence was black
black silence breathed
and there was motion

and the world formed
inside blackness
with a breath

and stretched

stretched an arm
and flexed
giving birth to
rhythm

and rhythm was motion
without sound
till breath
pulsed a heart
and drumbeats
heard the silence
saw the motion
and echoed it

tukku tukku tukkku tukku
tukku pang tukku pang
tung pa tukku pang

touch taste tap dance
tickle touch slap ouch!
make me a messenger of motion
touch tickle slap dance
satta massa touch glance
make me a messenger of motion

breath grows like a tree
rooted in blackness
bending   twisting   reaching
for sky

enters the serpent
seed of life
cool and deadly
she writhes
roun de worlie

Here is my belly
Here in my belly
the axis of the universe

Bamsi kaisico pindashell
Bamsi kaisico pindashell

I breathed
and sun born red against horizon

I breathed
and darkness fell

I breathed
and moon wove her hair
in locks and circles

I breathed
and darkness fell

I breathed
and roots gave leaves their pleasure

I breathed
and darkness fell

I breathed
and void became a jungle

I breathed
and fire came in tongues

I breathed
and winds cried me an ocean

I breathed out into blackness
and I dreamed

Listen!

a body sings in silence
can you hear that

Look

a serpent enters spine
and coils itself into eternity
can you touch that

Listen!

inside this womb
is the song of songs
the story of all stories

can you move that?

for Patrick

sometime is jus a
moonbeam
touch yuh pon yuh forehead

or a bees buzz a answer
pass yuh yeas

sometime a passin
breat of air
kiss yuh pon yuh troat
or
one raindrop
baptise yuh
in de Lawd

but whatever it is

a likkle shady from a tree
dat cool yuh
in de heat

a passin smile
from a pretty gal
dat mek yuh know
yuh sweet

a wonderful idea
an yuh know seh
a you dweet

or jus de flavour of de food
someone give yuh to eat

remember
love is like rain
come all de time for free

so when trial start an
hard time come
jus pause a while to see

tek a moment
tell yuhself
someone is loving me

Learning

De fus likkle bwoy ever put im han eena mi panty did name Patrick. Lawd! im did rude.

As Teacha tun er back fi write pon de blackboard, Patrick slide dung under de bench an mi no have no time fi lack shap, in fac, ah was keeping shap wide open. Im han jus slide mi panty to one side an start play music.

Up to dis day mi still trying to figure out why mi never open mi mout an bawl out fi Teacha. But mi never say a ting, jus go on wid mi ABC an look Teacha straight in de eye while Patrick investigate to im heart's content.

Teacha tink im loss im pencil but a sharpen im did a sharpen it.

Baptism

Brighteye, Faith and me
we get baptise same day
in de Holy Spirit
in de Holy sea
crass fram where de church stan
like a mountain on de plain
crass fram de Police Station
where de sinners held in chains
we was likkle children
grown in Sunday School
dressed in white
legs crossed tight
nat to let de devil een
Dat bright bright Sunday mawning
de sea lie dung so calm
Pastor tek we han in turn
an lead we to de lamb
but wen Brighteye turn come
jus as de choir raise a hymn
a wave lif up so big, Oh Gawd
Pastor an Brighteye cyan swim

Faith

What if nothing ever haunts her
What if she walks
roots unearthed
around the world
and no deep pools of thought affect her
What if she choose
a shallow stream
that trickles over rocks
with some simple childish gurgling
that ends in no death's cot

would you say then
she is not serious
nothing essays
from her lines
she will not sink an anchor
or build bridges
over great ravines

would the score become nostalgic
and sentiment
the beaching of her rhymes

What if her moon phases
are not tidal
and nothing gets dragged out
with time

What if nothing ever haunts her
and she sits
on heaven's gates
swinging bare feet over fires
warmed by hell
and cooled by fate

A Cold Coming

Ah never did tink what we doing was wrong, but ah had a suspicion someting wasn't right when mi fadda come een one night wid a jug of ice cole water an trow it pon we, eena de bed.

At firs mi tink is drunk im drunk or jus plain mad, but as mi was only seven, mi kindly keep mi opinion to miself an change de sheet. Dat time, Faith shock!

Faith was mi fren fram nex door, an she was mi company. To how dem raise mi, mi jus couldn't mek fren wid anybody. Faith live wid her granny an granfada an dem was decent church-going people. Dem have a likkle shap eena de yard side a we. Her madda an fadda deh abroad.

So it did alright fi everyone dat me an she sleep together a night time.

What a lucky ting we never tek aff we panty dat night.

Shama-lady

when she let de puss out a de bag
it never pass Miss Mattie yeas good
before telegraph bush
ketch a fire
ripple spread out pon water
as man mix dem metaphor
wid white rum
in de hot midday dus
meantime
argument rub dung ribbastone
an when dinner smoke
sen de las signal
rising troo de cobweb
she jus pack er shame
an gawn...

flowering

There's something about rain, thunderous rain.

We were alone in her house that day, windows and doors shut against the storm. No chance of being disturbed. Yet, she was holding back.

When she finally let me in, there, flowering on her white panties, a bright red hibiscus, newly printed, damp.

I made it home through the storm, frightened of blood.

I never touched her again.

Moon

There was no tide here
just stones
sitting in the river
and a mermaid's comb
which marked the magic
of my coming

a thatched shed
covering the heads of yams
became our doll's house
where we played
Mamma and Pappa
nakedly

touch mi
tell mi

'yah so Mr Finnegan,
yah so sah,
but yah so no sweet
like a yah so sah'

the brutal entry
of my mother
brought guilt
and suddenly I understood
at six
how clothes came into the garden

Oh Eve
Oh innocent one

Could it be

When you leave
I smiling hold
this soft furry
bouncing
tingling
tickling
I don't know what to call it
'thing'

it moves round me
all day
moves me round
all day

tickling tingly 'thing'

waiting to bounce out
my eyes
my mouth
my ears
my nose
my belly
my thighs
and all those other shy soft places
waiting to be named
in subtler tones

waiting to bounce out
soft funny
bouncy cuddly
tingling tickly
ah! so touchy tender 'thing'
waiting to bounce out at you
when you get home

could it be.

The Garden Path

Uneven, this path
out the back door
serpentine
like the call of wood doves
wooing
recalling stillness
birthing
the path disappearing
into as many possibilities
as the silences of youth where

smoothbacked
on the cool stones
in the valley of the river Wise
under a sun
that warmed
like gods who kept their distance
rewarding you for nothing you had done
or perhaps
for doing nothing

the river's voice
shaped that path
a music without words
so that, here,
I want to make words
music
move beyond language
into sound

I am tired now
of doors
opening onto streets
or grills
or walls

opening onto some public business
where I must make sense of noise
neurosis
numbness
intruding arguments
and judgements
systems of punishment
and reward
often interchangeable

I find I am avoiding
the pointed conversation
where words have missions
similar to knives

I cannot always ask for grace
and innocence is too easily
crushed by fate

Mother Woman came
for the possessed
with oils
and balms
and incantations
visiting obeah men came
and priests
soothsayers
warners and beguilers
and finally
the analyst

but I am more than colour
more than class
more than gender
more than church
I am more than virgin
more than whore
more than childhood traumas

more than adult guilts
I cannot be framed
or torn apart
cannot be crucified
or burnt at will
I feel no distant threat of nuclear war
or revelation's sweat of angry gods
for spirit lives
without the flesh
and I might find
that I am freer yet

on this uneven path where
first
He walked me through
to a tree
where apples grow as small and neat
as crunchy fit as he
and He who had not spoken most the night
picked one and asked me
'will you bite?'

and I so long tired of carrying Eve's blame
on streets where woman's love is still her shame
happy to throw off images of man
written in god's name
accepted apple, him, the garden home
and a serpent's path that said
how many journeys there were yet to come

Planted by the waters
(for Maya Angelou)

out of the damp earth
out of the dark forest
our feet
once arched
were fallen
yet
we danced
flatfooted
hugging earth
into our souls
      blow wind blow
can't lift this foot too far

      must find place where
      foot free
      free to stay
      free to dance
         to lift
         to replace
      in its own shaping

      blow wind blow
      blow de chaff
      blow de chaff
      seed have weight
      will stand
      will come again
      to feed dis land

foot beat drum

an ah feeling dis feeling
wine up
wid de spirit
rising up troo spine
an a warm rush troo mi mind

blood! girl chile

we trodding blood eart
soak it up chile
soak it up
is so spirit call
rewine an
come again

       bloodrush
       foot drum to
       knee drum to
       belly drum
       batty drum
       flicking bullets from behind
       like Maroon Nanny
       back drum to
       ear drum

an we hearing we own heat
yes chile
nuff chorus to repeat

       body sway
       body dip
       nuff lip
          an er chant rising

like black magic chile
de bes kine
de kine de midwife bring
as she plant we belly string
under banyan tree

voice rise chile
belly put dung it load

an doah we digging deep
is not to bury chile
is to excavate
we own mystery
we own song

for fact is fact
but truth is strong
an truth don't have to
carry fact along
foot to mout chile
foot to mout
for blackeye peas cyan done

see she holding yuh
riding riddym pon de strength
of her shoulder
her head casting
shadow gains de sun
like Benin bronze
shading yuh chile, shading yuh
from de brutal scorching of yuh soul
dat hate could bring

we bigger dan stone chile
bigger dan mountain
bigger dan all de histories connived
bigger dan seeking some reprise

soon, yuh see she head
wrap up in cloud
red gold and green
circling
an all de colours in between
an she giving yuh words
dat could colour yuh dream book

an de back don't bend
for de head wrap cool in cloud
bove mountain
an she melting de stone
under she foot
arching it over

      heel to toe girl
      heel to toe
a so yuh bruk rockstone chile
a so yuh bruk rockstone

melting it to blood
bringing it up she vein chile
out she mout
an roun she head
where
rain running troo she eye
like God crying
crying
fah all dose elders
who had to bow
an scratch dem head
an whisper
      yes maaam, yes sah
to save we all
from fire

      yes
rain running dung she face
like God crying
carving river bed wid flash flood
or drilling rock staight dung to
well deep
chile, well deep

don't touch she wrong
or glacier wipe out all yuh laugh line

watch she han now
branching out from banyan
an she picking sun like is orange

fingers long
strong
touch sure

collecting de green herbs of healing
wid lilac lavender

den peeling off a piece a blue
from sky

a touch a gold
from out yuh smile

decorating cloud and sky
wid all de colours in between

look up chile
look up now

see how glass house
       glass ceiling
              gone!
an rainbow wrap we mind chile
she puttin rainbow roun we mind

and rainbow ain't jus for some folks chile
rainbow dere for all
an if we try to snatch dem back
ain't no rainbow at all

Yes

out of the damp earth
out of the dark forest
our feet
once arched
were fallen
yet we danced
flatfooted
hugging earth into our souls

       blow wind blow
       blow chaff
       blow chaff
       dis seed have weight
       will stand
       jus like a tree
       planted by the waters
       we shall not be moved

feel yuh head grow chile
       grow big

rooting out to sky
yes chile
rooting out to sky

sky love

funny how wen
yuh looking at star
yuh don't see sky
yet yuh always saying
don't sky pretty tonight
but is reallly star yuh seeing
specially if is shooting star
sky jus tun backdrop
to de real action
an yuh don't ever stop to think
how sky feel
when de red fire
yuh admire
tearing up she skin
or de formation team dem
sky have to hold up
big and likkle dipper
how big easier to spot
but likkle cute eh
so much star
yuh confuse
an de big bright light one
dat yuh heart lead yuh to believe
is evening star, yes
Venus
but some realist come tell yuh
is satellite
an Uncle Sam still watching yuh
so yuh never sure
if star on some remote control
but star is wat yuh want
an star yuh get
till star fire bun yuh
an shooting star shoot yuh
an meteor crash in yuh belly

swell yuh head
an yuh picking up de pieces
but yuh still chanting
star...star
an yuh run go find yuh horrorscope
fah yuh still can't imagine
sky widdouten star
an as to cloud
cloud don't mean a ting
till hard drought ketch yuh
an den yuh really start watch sky
but cloud is wat yuh seeing
for star don't bring no rain
and cloud damp dem fire
till yuh heart heavy
but wen cloud clear
hopefully, dis time
yuh see beyond star
yuh finally see sky was dere
all de time
in dat same deep blue silence
like a ocean
dat give yuh space
cool cool space fi wrap yuh head
don't mek star fool yuh again eh
wid im fire grin
im fire touch
dat keep awn giving yuh bun
an won't res de same place all night
wait till cloud cover de crack
in yuh womb
an wen cloud clear dis time
lif up yuh eye
see sky

dis lang time gal...

welcome to heartease, sister,
de nya iya come
tek de load fram off yuh head
mek we dance in de evening sun
de mountain climb did hard, mi chile
we know it tek backbone
de dry wud dus wi bun yuh troat
but cool goadie a water a come
nutten no lebel under foot
but we nah drop affa God eart
some say de grass is sweeter
byt sky rain know it wort
nuff curb an corner fine we
but weh road tap, it done
so welcome to heartease, dahlin
no badda go fling yuh head back dung a stone

fragile

rainy dreaming
softly cleaning
into spring
      bring me my love

met your eyes in Singapore
mongs the green palm's heating
gently held your hands before
we parted into evening

marked the memory fragile
in the quiet of my mind
when will I find you again

saw you weeping by a river in Jamaica
for a paradise to Caesar lost
brought your rain again
softly slept the pain
I found in your eyes in Alaska

clothed you with chiffon in China
all the mystic layers you unfold
in your eyes I found such treasures
never to be bought or sold

rainy dreaming
softly cleaning
into spring
bring me a rainbow dove

saw you puzzled by the figures in London
tried to show you how the numbers were read
to your eyes they were treason
so I quickly found a reason
to read you some poems instead

marked the memory fragile
in the quiet of my mind
when will I find you again

met your eyes red with fire in Azania
smoked out evenings and sirens that you held
saw you on a leash full of straining
still with a picture of the freedom ahead

brought you to a place full of caring
saw your eyes love the child that you held
waited earnestly for you to see me
to ease some of the tensions I held

marked the memory fragile
in the quiet of my mind
when will I find you again

then our eyes met with a smile
now it happens all the while
how could I lose you again

rainy dreaming
softly cleaning
into spring
stay with me, my love

Upstream
(for Stevie)

one more flight of time
one more chime
of music
one more glimpse of dawn
one more walk
through open spaces

I heard a laughing river
streams of consciousness
saw your head thrown back in song

if you could hear the drumbeats on my mind

cries of earth
work through my feet
touching every nerve
some days I think of shooting
and settle into words

for one more picture of a child in tears
one more pair of sagging breasts
milk dried out for years
one more sight of hungry soil
breaking up for rain
one more flying bullet
where there should have been a song

give me
one more flight of time
one more chime of music
one more glimpse of dawn
one more walk
through open spaces

somedays we sing a sea song
somedays the wind blows clear
somedays the marching drumbeat
to wake the nuclear fears
in the eyes that reach beyond
a mere two thousand years
and so many others lost
vision trapped in tears

I heard a laughing river
streams of consciousness
saw your head thrown back in song

if you could hear the drumbeats on my mind

give me one more flight of time
one more chime of music
one more glimpse of dawn
one more walk
through open spaces

earth cries

she doesn't cry for water
she runs rivers deep
she doesn't cry for food
she has suckled trees
she doesn't cry for clothing
she weaves all that she wears
she doesn't cry for shelter
she grows thatch everywhere
she doesn't cry for children
she's got more than she can bear
she doesn't cry for heaven
she knows it's always there
you don't know why she's crying
when she's got everything
how could you know she's crying
for just one humane being

sisters celebration

is lang time now
we know seh
han mek fi do
wat mout talk bout
so we linking up
from coas to coas
seven days a labour
an yuh wander wat
we shouting bout
but
wen yuh see woman
jumping up
rubbing up
soaking up
all de music
dem pitch out
in dem birt scream
is nat a orgy
is a mass
we lighting lamp
one by one
in de sun or
in de shady
joy in de making
home sweet home

seasons
(for Linton)

sometime,
wen im coming
is like a cole front
cross de Atlantic
or a chilling eas wind
den yuh have to meet him
ratianal,
lagical,
wid a clarity
dat is more
intellectual
but occasionally
spirit tek
an a smile
wid a twinkle
in de I
does warm de heart
like summer come in May
or tulips out in Feb
an yuh haffi sey
it did wut it
after all
fi endure im winta

Slam Poem

Zim Zimmer
Who's got the packet wid de slammer
who am I
de man dem sugar
how can I
make love to a fella
nat in a rush
put awn de rubbers an hush

yuh seh wen yuh put it awn
yuh nah feel nutten
lang time me feel de same
fah yuh nah touch mi likkle button
an wen you let aff
an you feel sweet
nine month later
me regret seh me did dweet

Zim Zimmer
who's got the packet wid de slammer
who am I
de man dem sugar
how can I
make love to a fella
nat in a rush
put awn de rubbers an hush

den yuh bawl out seh
dat abortion is a crime
but yuh cyan feed pickney
so so sugar an lime
so mi wi tek wah likkle pleasure
me can fine
wid a conscious man
who know is slam time

Zim Zimmer
who's got the packet wid de slammer
who am I
de man dem sugar
how can I
make love to a fella
nat in a rush
put awn yuh rubbers an hush

mi hear seh yuh lef
one bwoy pickney in Jamaica
an since yuh come a Englan
yuh have two baby madda
but yuh make mistake wid me
for a me name Badda
mi wi wine yuh dung
till yuh fava yuh shadda

Zim Zimmer
who's got de packet wid de slammer
who am I
de man dem sugar
how can I
make love to a fella
nat in a rush
put awn de rubbers an hush

No! yuh nah shut me up
fah mi know how fi trace
wid yuh damn stupidness
bout condum cut dung de black race
an wen de bill dem come
mi cyan see yuh face
but yuh still waan come tear aff
mi panty wais

Zim Zimmer
who's got the packet wid de slammer
who am I
de man dem sugar
how can I
make love to a fella
nat in a rush
put awn yuh rubbers an hush

an mi nuh even staat talk
bout oomuch ooman yuh gat
mi nuh know oomuch crease
yuh a dip yuh bat
so jus zip up back yuh trousis
no badda wheel out dat
fah AIDS cyan cure
wid a penicillin shat

Zim Zimmer
who's got de packet wid de slammer
who am I
de man dem sugar
how can I
make love to a fella
nat in a rush
put awn yuh rubbers an hush

an all de beg mi beg
yuh sey yuh nah use yuh tongue
fah yuh don't want yuh man pride
lie dung a grung
but so so penetration
cyan bring me come
a weh yuh want me have
is a belly come dung

Zim Zimmer
who's got de packet wid de slammer
who am I
de man dem sugar
how can I
make love to a fella
nat in a rush
put awn yuh rubbers an hush

fah yuh jus nah breed mi again Leroy
yuh jus nah breed mi again
yuh tink dat ting in yuh trousis is a toy
yuh jus nah breed mi again
mi already have a girl
mi already have a bwoy
so if yuh don't have yuh slam
tek yuh han affa mi...raaaaaas

Bwoy tek yuh han affa mi ehem-ehem
ah beg yuh move dat ting fram mi ehem-ehem
if yuh don't bring yuh slam
den mi nah let yuh een

Zim Zimmer
who's got de packet wid de slammer
who am I
de man dem sugar
how can I
make love to a fella
no chinee brush
put awn yuh gloves in a rush

yuh tink seh mi brain eena mi ehem-ehem
yuh tink seh yuh gwine come wear mi dung wid riddym
yuh tink me Badda so desperate fo someting
fi go mek yuh bus mi eggshell
an come full mi up wid pumpkin

so bwoy tek yuh han affa mi ehem-ehem
ah beg yuh move dat ting fram mi ehem-ehem
if yuh don't bring yuh slam
den mi nah let yuh een

Zim Zimmer
who's got de packet wid de slammer
who am I
de man dem sugar
how can I
make love to a fella
nat in a rush
put awn yuh rubbers an hush

break

in the restaurant
you asked for
coffee

black

and I for white

the waiter laughed
delighted

and searched out
brown sugar

rising

having
some summers gone
dug out
that old tree stump
that darkened my garden
having waited
without planting
(for it was impossible then
to choose the growth)

having lost the dream
but not the art of healing

having released the roots of pain
into content

I now
stir the skies

He loves my hair

serious Simon
met a poet
going to a gig

said serious Simon
to the poet
'is your hair a wig?'

said the poet
to now smiling Simon
'touch it, if you will'

since then his hand
hasn't left her hair
and they are laughing still

on cricket, sex and housework

I have never liked ironing

but there's something steamy here
that softens the crease
and although I played it straight
I fell
to your googly

I came out slightly crinkly

perhaps it's the strange things
your fingers do
around my seams

just in case

and just in case
you ever wonder
if I am the passing summer's sun

and if a winter night of doubt
should wake you
and you think I am the snow
that's suddenly gone

and if on lonely mornings
you look up at the sky
and think I am a drifting cloud
that drops its rain
and mistlike
disappears

and if you ever think
some passing storm of frenzy
could wipe out all the pages
of our days

just give me time, my love
to come again
and touch you
with forever

Awaiting our own coming

there is nothing wrong
with happy endings
and cynics might be clever
but I fear

for there is no romance
about the ghetto
or shooting one another
through our fears

and so many liberal ideas
are like the blinding of St Paul
from his fashion comfort choosing
how to look spectacular in horsehair

and if we prefer the farcical in theatre
or follow soap operas on TV
or only check the sports agenda
we don't somehow lack serious thoughts

so when we touched
and I could see us
old and grey and in our rocking chairs
doing a spot of gardening here and there
I firmly put my hand in yours
for I have learnt to read the last page first

The arrival of Brighteye

> My mommy gone over de ocean
> My mommy gone over de sea
> she gawn dere to work for some money
> an den she gawn sen back for me
>
> one year
> two year
> tree year gawn
>
> four year
> five year
> soon six year come
>
> granny seh it don't matter
> but supposin I forget her
> Blinky Blinky, one two tree
> Blinky Blinky, remember me

Mommy sen dis dress fah ma seventh birthday. Ah born de day before chrismas, an she sen de shoes and de hat to match.

Ah wear it dat very chrismas Sunday, an wen ah come out into de square, on de way to church wid Granny, all de ole man dem laughing and chanting

> Brighteye Brighteye
> red white an blue
> Brighteye Brighteye
> yuh pretty fi true

an Granny seh don't walk so boasy, mind ah buk up mi toe an fall down an tear up de dress pon rockstone because she going to fold it up an wrap it up back in de crepe paper wid two camphor ball an put it back in de suitcase, dis very evening, as soon as ah tek it aff, put it back in de suitcase dat ah going to carry to Englan.

Crass de sea, girl, yuh going crass de sea, an a likkle water fall from Granny eye which mek er cross an she shake mi han aff er dress where ah was holding on to make sure dat ah don't fall down for de shoes hard to walk in on rockstone, an she wipe er eye wid er kerchief.

An ah looking up in Granny face, ah know Granny face good. She say is me an mi madda an grampa put all de lines in it, an ah wondering which lines is mine, an ah tinking how Granny face look wen sun shine an de flowers bloom, an wen rain full up de water barrel, an wen drought an de bean tree dead, an wen Grampa bus a rude joke, ah know Granny face but now she wipe er eye an lock up er face tight, an ah feel someting tight lack up in my troat, fah ah can't remember mi madda face, ah can't remember mi madda face at all.

An all de time after dat, Granny finger in de silver thimble, flashing, sewing awn de red, white an blue lace she buy at market, sewing it awn to de church hat to mek pretty bonnet to go wid de dress. She say ah mus put awn de whole outfit when ah reach, so mi madda can see how ah pretty, an how she tek good care of mi, an she pack de cod liver oil pill dem in mi bag an say memba to tek one every day on de boat so mi skin would still shine when ah reach, an when we leaving de village in de mawning all de ole man dem singing

> Brighteye, Brighteye,
> going crass de sea
> Brighteye, Brighteye
> madda sen fi she
> Brighteye, Brighteye
> yuh gwine remember we?

an de children, playing ring game an clapping

> Row, row, row your boat
> gently down the stream
> merrily, merrily, merrily, merrrily
> life is but a dream

an de bus to town, an Granny crying, an de boat, an de woman dat Granny put mi in de charge of, an day an night, day an night, an it getting cole, all de way, in a dream, to Englan.

Ah dress up yuh see, de day dat we arrive, an all de boasiness dat Granny warn mi about come back wen ah dress up, an de shoes don't fit so good now, but ah wearing dem. An ah tink me madda going to be dere to meet de boat so ah looking hard, ah looking hard, for Granny say cod liver oil pill good for eyesight to, so ah sure ah can see mi madda, way ova dere where people watching de boat, ah sure ah see mi madda for she have a big red white an blue umbrella. It mus be she for she mus know de colours dat ah wearing. Granny mus did write an tell her de colours dat ah wearing an ah pulling de lady han to come aff de boat an ah hoping no rockstone nat dere to walk on in de shoes, doah dey nat so pretty now for no sun nat shining, but dey still red, so mamma can't miss dem, an a pin mi eye to de red white an blue umbrella an ah pulling de lady dat way but she saying, 'no,no, we have to catch de train to London', but ah nat hearing her, for dat mus be my madda wid de big umbrella an we getting nearer an ah trying to look pretty an den a big breeze jus bus out a nowhere an de umbrella swell up an go inside out an tek aff like a ship an is a white white woman…wid white white hair…an is nat mi madda at all…is dis white white woman…wid white white hair…an is nat mi madda…is nat mi madda…is nat mi maddda at tall tall tall…no…is nat mi madda at tall…an…an… an…ah want to wee wee…ah want to wee weee…but in de sea…ah want to wee wee…but in de sea ah want to wee wee till all ah mi run out…till all ah mi run out…all de way back home…all de way back home…to my Granny.

> Take a train to Marylebone
> fish and chips, then come back home
> past Piccadilly Circus
> Trafalgar Square
> Pigeons flying up and down

Pigeons everywhere
sitting on an old man's head
in Trafalgar Square

Ah never see mi Granny again, she die when ah was ten an Mommy never have de money for all of us to go home so she one did have to go for she had to make all de arrangements. An my brodder an sister dat born here, they didn't want to go because they never know Granny at all, an they likkle an playing all de time while ah crying to go wid mamma, an Daddy, ah call im dat but im wasn't mi fadda, my fadda did go do farm work in America an never come back, an Daddy married my mother when she come to Englan, an im get vex wid mi an ready to beat mi an say if im don't provide more for me dan Granny ever could, dat time im was working overtime wid de British rail an im eye red wid de tiredness an im say troo me im can't sleep or res in peace, well, im resting in peace now, im dead in Englan an never get fi go home an raise cow like im was always talking about.

An from im dead, Mamma is nat de same, is like she living here but her spirit gawn back to Jamaica, an she nat so well, arthritis tek up her every joint an she always complaining bout de cold an de damp an singing bout going home, an now she finally going. An me, what ah going to do, ah don't belong here, but ah don't belong dere eider, ah don't remember nobody, an all who would remember me, dead or gawn.

An de children, ah jus can't leave de children, but mamma leaving me, she bring mi here an tell mi is home but now she leaving me to go home, an she was mi home, from de day she meet mi off de train in Waterloo, by dat time ah was crying so much ah wasn't looking out fah mi madda face again…an suddenly ah hear a voice shout 'Brighteye' an is she, an she lif mi up an squeeze mi in her bosom, ah never see her face but ah remember de smell, rub up wid Vicks, an how her bosom feel, an now she leaving mi here wid de children an granchildren, but how ah going to hole up everyting, how I going to hole dem up, an she going home tomorrow, she say her work is over an she going home tomorrow, but ah jus want to be Brighteye again, as hard as it was it was easier dan dis burden, an where ah going to put my head now, when all de others resting theirs on me, where ah going to rest mine.

'Children! stop that noise downstairs!'

Well, ah better go down an show dem all de lines dey making in my face!

Ole Warrior
(on retirement from carnival)

I ain't coming out today...no play, boy...
I ain't coming out today
Ole warrior mus retire, boy
I ain't coming out today
Oh Gawd, is a hard, hard ting to say
never thought life would go this way

Jus de odder day
ah was coming dung, drunk and disorderly
Ah mek pan dance
Ah mek pan sway
heat beating in mi head
an de devil fork in front mi, thrusting
Ah had multiple prongs
could keep a track
of five, six, woman in de ban
widdout ever showing mi han
Ah could lime all night, all day
no injury time
no fall back
No, boy
Ah coming dung, drunk an disorderly
Dey say look at dat boy
he really gone crazy
but de rum pulsing in de vein
young blood could take dat strain
so ah ain't coming out today...no play, boy
I ain't coming out today

Seem like jus las week
Ah was playing it sweet
a litre in mi pocket
an a whistle in mi teet
an ah chipping like a axe man
up an dung de street

Move out de way, boy
Flag man, tell dem is I
an de way ah coming troo, yes
nuff sinner could die
cause today we ain't loitering
Yuh can't arrest we on de sus
dis name steel pan, boy
an mi trousis front bus

Ah full up wid de spirit
an steel beating in mi head
an if ah ketch de Queen a Englan
Ah fuck she till she dead
See, ah playing like yuh want mi
Ah black an two eye red
Ah savage an ah crazy
an ah coming dung pon yuh head
Ah ain't arguing wid yuh illusion
bout wat kind a man I be
Ah like de kine a role
Dat yuh history write for me
so shif out a mi way, boy
Black devil coming troo
dis is carnival, boy
an ah ain't playing it pretty like you
an de music have mi marching
dis blood vessel can't bus
dis steel pan hole no rus
But Devil god, he wicked
ah turn sixty today
an ah trying to get it up, boy
but de ole pump flat
de tire spare
dis ole man back
need a bench in de square
so I ain't coming out today, no play
I ain't coming out today
Ole warrior mus retire, boy
I ain't coming out, no way

An dem woman dem, dem know it
dey shake dey ass jus in front yuh nose
jus to let yuh sniff yuh past
so yuh could try to mek a pose
but I learn dat lesson de hard way, boy
I ain't turning mi head no more
No, I ain't looking back no more
so no woman backside could tell mi sweet
Dis gawn pass you, ole boy
Dis gawn
Ah bowing out wid some respect
Ah keeping mi head straight front
Let dem say is a elder he
is a ole warrior wid a crown
so I ain't coming out today…no play, boy
I ain't coming out today
ole warrior mus retire
I ain't coming out, no way

De wife on holiday wid de children
so I get free up dis year
Ah mek mistake, tink is youth again
so ah coming dung troo de square
a bottle a Cockspur under mi arm
ah ain't feeling no wear and tear
Ah jam for an hour or so boy
before ah feel de crack in mi spine
an is jus pure pride keep mi standing dere
wen all dem woman start to wine
It get so bad, boy
ah nearly have to ask dem policeman
for some help
well, dat reduce mi to tears, boy
but is still early afternoon
an ah can't head home wen young boys coming out
dey will see me an say 'he done'
so ah stand dere, eh, till night come dung
wen at least dey will say 'ole boy having fun'

but when de devil does call yuh home
is time to pay de fee
an is over de hill, an troo de park
wid a serious injury to mi knee
an de bottle a rum still unda mi arm
cause ah couldn't bus it today
an de moon troo de clouds
looking dung at me
wid pity, like de face a mi wife
Boy, dat was de story of mi life
an ah angry wid de settee
an de remote control to de TV
an ah well vex bad wid Classic FM
an wishing de wife an children at home
boy dat was never me

But de day does come
to leave de joys of hell
an de only pleasure dats left to me
is wen ah see dem young man
strutting troo
ah say, boy, dey on de road to me

So I ain't coming out today...no play, boy
I ain't coming out today
ole warrior mus retire
young blood mus find dem way
is a dance dat de devil design
when yuh young, he ain't give yuh no sign
so ah weaving home unsteady
Ah trying to whistle an rhyme
an ah reading bout growing tomato
in dis damp and wintry clime
An ah praying dat wen ah finally end
dis journey dat some call life
de fires of hell will claim mi again
cause ah gwine fuck de devil wife

The Wife of Bath speaks in Brixton Market

My life is my own bible
wen it come to all de woes
in married life
fah since I reach twelve,
Tanks to Eternal Gawd,
is five husban I have
           (if dat is passible)
but all of dem was wort someting
in dem own way
doah dem say
dat troo Jesas only go to one weddin
in Canaan
we no suppose fi married
more dan once
but den again
dem say Im tell de Samaritan woman
by de well
dat doah she did have five husban
de laas one never count
        is wat Im mean by dat
        why jus de fif one lef out
        ow much she can have den
            four?
Im don't give no precise number
Well,
        people can argue it forever
        but me sure of one serious ting
        Im order we to sex an multiply
Im also say dat
        de man mus lef im madda an im fadda
        an cling to me
        but Im never say
        how many
        mi no hear no mention of bigamy
        or polygamy

         so why me or anyone
         should tink it is a crime
An wat about de wise king Soloman
look how much wife im tek, Lawd,
ah wish ah did have as much in bed as him!
God mus did give him some 'great' gif
No one alive did ever have such fun
But still
I will tank de Lawd
fah doah I have only five
I shall welcome de sixt one
wenever im choose to arrive
because I nat lacking up my foot at all
if one husban dead
anadda christian man will surely come
fah even de apostle say dat den mi free
to tek anadda man dat can please me
         betta to married dan to bun

Abraham, Joseph,
nuff adda holy man
did have nuff wife
Whey God forbid dat?
Yuh see no clear word?
Where Im ever order virginity?
         Dere is no such commandment!
is de apostle Paul come talk bout maidenhead
an him never qualify fi talk bout dat.
Im say a man may counsel a woman
but counselling is nat command
wat I do wid my body is my personal business
an if God did command virginity
nobady wouldn married
fah married woulda dead
an no more pickney wouldn born
so no new maidenhead.

63

How Paul him want to tek command
wen Jesas wouldn dweet
we all know pum pum is someting sweet
an nuff sword will falla it.
Whoever, jus like de apostle,
want to do widdouten sex
is free to choose dat,
but wid we, no badda vex
fah if my husban wear out an im dead
you free to marry me
dat is nat bigamy
an to enjoy good sex
is nat a frailty
nat unless yuh did decide, like Paul,
fi tek up chastity
because a man don't want pure gold pot
in im house
im want some mek wid good wood
as a spouse
an God did give we all a different gif
we choose wat we is suited for
everyone don't have to give up everyting fah Christ
Im neva aks we dat
dat is fah who want perfect peace
an you all know already
dat is nat me
I gwine mek de bes of all my years
fah dat is de joy an fruit of marriage
an why we have dese private parts so sweet
dem cyan jus mek so an don't put to use
except to piss
or tell man apart from woman
das wat you tink?
fram wat me feel already
dat could nat be so
a man mus give im wife er tings
Piss yes, an tell we apart
but wat pleasure dese instrument brings!

Playing the Messiah

3 o'clock
and the rehearsal steams
we are in the theatre
house of God
the entrances are weaving
the exits can't be found first time

I am playing God
but cannot call on some experience
or memorable character
the power eludes me

God needs a place to sleep
a rucksack curled up in a corner

God needs a place to eat
only Burger King is open

but most of all
God needs a place to smoke

thunder and lightning
bolt from the chorus
the Shango litany is in full swing

I am dreaming
of tropical thunderstorms
something to break the clouds
bring chaos

this God I play is too measured
speaks in such cool tones

backstage is overpopulated
God can't find a resting place
the cue is late
the director calls repeat
of the first sequence
even God waits
when directors call

the chorus falters
starts again
I want to lift the roof
and open us to rain

outside
Shango appears
as called by the high priestess
from the stage
lightning in Leeds
thunder in Yorkshire
as Shango evens the score

my God smiles
in the face of Shango
I too am from him
I am rain
I cry round 3 o'clock each day

big sweeping tears
like Hallelujahs

Duppy dance

I

she came
in red
out of the dark mountains
danced her circles
round the yard
dropped onto the bare earth
just by where the mortar sat
where cocoa beans jumped too
in frenzy of the beat
like this woman
head wrapped tight
who came in from the night
to show where
some old vial sat
beneath the dirt

her trumping
frightened the children
out of sleep
their faces circled her
licked by reflections from the flames

the dog wakes too
and watches

Here
on the earth
where she fell
they will draw a white circle
and come again
on a moonlit night
chanting

their picks dig in
to release
a bottle
full of ghosts
the children see
just some old relic
something to stub your toe on
but the moaning
into the night
that put Patook in flight
spun fear in their eyes

they wait to be
exorcised

   II

'mek sure is a ram, yuh hear,
fah man fucking she goat nowadays
nuff man cyan get no sex
so mek sure is a ram
we nah eat nutting else'

the stones
slammed into earth
do not break down
Emmanuel road

   III

no one came tonight
possessed in red
but the rum is tipped
into the corners of the yard

Legba, Legba
Ogun, Shango

let she walk in peace
bring her troo de crossroads
where the limestone lets go its waters
gushing out over clay
and the road must be crossed
on rockstones
set in mud

let she walk in peace
let her mountain be retreat

Oshun
do not come down in floods now
let the yard be dry
except for this sprinkling of rum
and the ram's blood
like earth bleeding

IV

put fire in yuh belly, man
let de woman sing sankey
an come bruk rockstone wid we

Warner did tell yuh
wen she fine de bottle
dat Deat visit yuh yard
cyan run wen Bredda Deat come
cyan run
so put more fire in yuh belly
all we turn soon come

V

Duppy dancing in de night
de living drum gawn home to bed
an soun system shaking up de dirt
mekking wood tremble
soun so terrible
dat duppy have to wake
an dance

VI

last night the drums had skipped
the inner circle
plucked an innocent woman
off her bamboo seat
stretched her legs into the air
sent her leaping
like a man
the elders trembled too
'man spirit come to woman
eberyting mix up
signs a de times, mi chile,
signs a de times'

VII

but even this is not enough for the young
these earth trembling boxes that they bring
shaking the mountains round us
plucking neighbouring villages out of sleep

come
duppy dancing
an yuh can hear de gerreh in de beat

bruk rockstone?
bruk rockstone?
bruk dung mountain, I
sen rockstone trembling into de sea
crack dis island open
spill de seed
we don't care man
is Africa we need

VIII

in the corner of the yard
the old men break into
another bottle
a little rum on earth
cannot conquer
the rhythmic shake up
of drums, amplified
tearing up the night
respecting no silence from the dead

wake up! Duppy!
yuh raass yuh!
wake up duppy an dance
man nuh free yet
where yuh tink yuh going?
wake up duppy an dance
dis grave hold no sting far I
wake up duppy
an dance!